학교 - escola — 2
여행 - viatge — 5
운반 - transport — 8
도시 - ciutat — 10
풍경 - paisatge — 14
레스토랑 - restaurant — 17
수퍼마켓 - supermercat — 20
음료수 - begudes — 22
음식 - menjar — 23
농장 - granja — 27
집 - casa — 31
응접실 - sala d'estar — 33
부엌 - cuina — 35
욕실 - bany — 38
아이들 방 - cambra de nen — 42
의복 - roba — 44
사무실 - oficina — 49
경제 - economia — 51
직업 - oficis — 53
연장 - eines — 56
악기 - instrument de música — 57
동물원 - zoo — 59
스포츠 - esports — 62
활동 - activitats — 63
가족 - família — 67
몸통 - cos — 68
병원 - hospital — 72
응급상황 - urgència — 76
지구 - terra — 77
시계 - rellotge — 79
주간 - setmana — 80
년도 - any — 81
형태 - formes — 83
색 - colors — 84
반대 - oposats — 85
숫자 - nombres — 88
언어 - llengües — 90
누가 / 무엇이 / 어떻게 - qui / què / com — 91
어디에 - on — 92

Impressum
Verlag: BABADADA GmbH, Nedderfeld 112 , 22529 Hamburg
Geschäftsführer / Verlagsleitung: Harald Hof
Druck: Books on Demand GmbH, In de Tarpen 42, 22848 Norderstedt

Imprint
Publisher: BABADADA GmbH, Nedderfeld 112 , 22529 Hamburg, Germany
Managing Director / Publishing direction: Harald Hof
Print: Books on Demand GmbH, In de Tarpen 42, 22848 Norderstedt

학교

escola

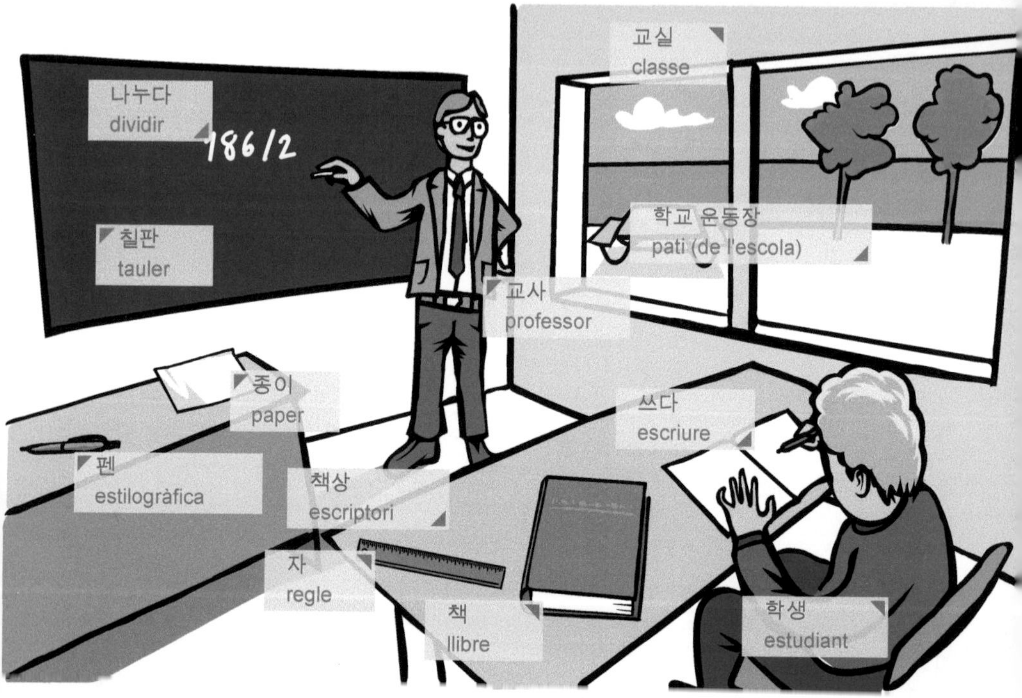

교실
classe
나누다
dividir
186/2
칠판
tauler
학교 운동장
pati (de l'escola)
교사
professor
종이
paper
쓰다
escriure
펜
estilogràfica
책상
escriptori
자
regle
책
llibre
학생
estudiant

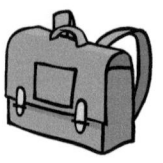

책가방

bossa

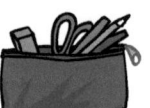

필통

estoig

연필

llapis

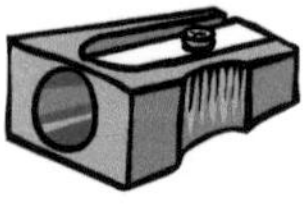

연필깎이

maquineta de fer punta

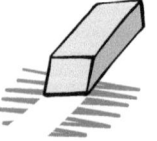

지우개

goma

스케치북

bloc de dibuix

그림
dibuix

붓
pinzell

그림물감 통
capsa de pintures

가위
tisores

풀
cola

연습장
quadern d'exercicis

숙제
deures

12

숫자
nombre

2+2

더하다
afegir

5-2

빼다
sostreure

2×2

곱하다
multiplicar

계산하다
calcular

A

글자
lletra

ABCDEFG
HIJKLMN
OPQRSTU
VWXYZ

알파벳
alfabet

날말
mot

텍스트
text

읽다
llegir

분필
guix

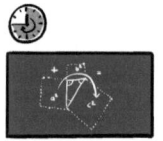

수업시간
lliçó

출석부
llibre de classe

시험
examen

증명서
certificat

교복
uniforme escolar

교육
formació

백과사전
enciclopèdia

대학교
universitat

현미경
microscopi

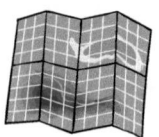

지도
mapa

휴지통
paperera

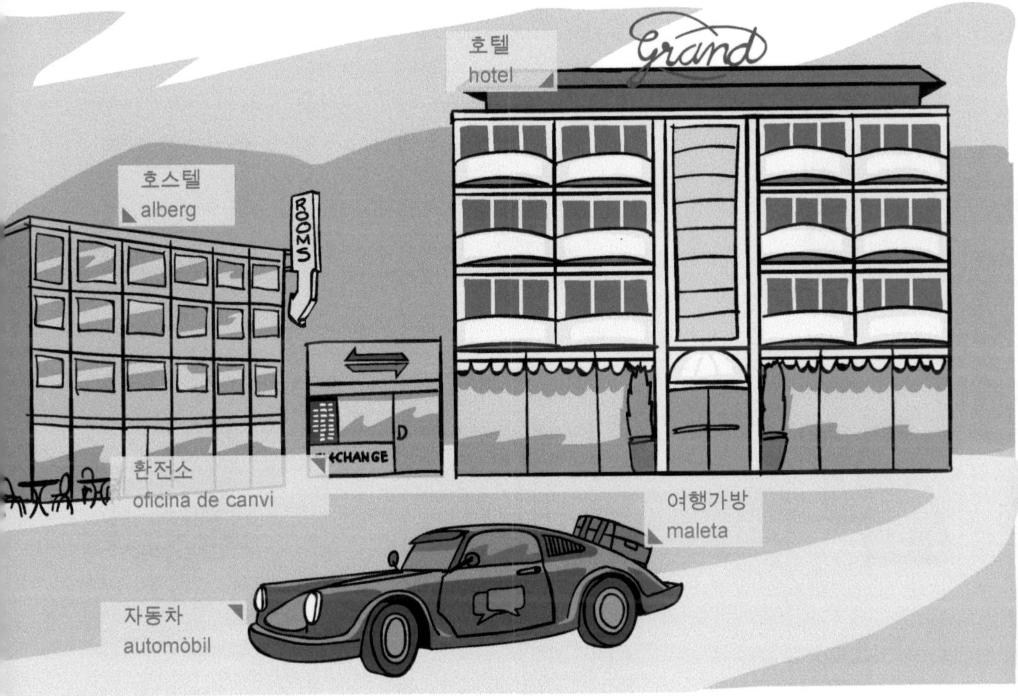

호텔
hotel
Grand
호스텔
alberg
ROOMS
EXCHANGE
환전소
oficina de canvi
여행가방
maleta
자동차
automòbil

언어
llengua

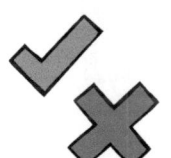

예 / 아니오
sí / no

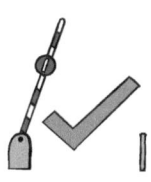

좋아
D'acord

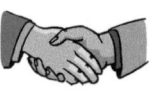

안녕
Ey!

번역가
traductora

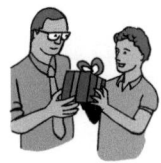

고마워, 고마워요
gràcies

... 얼마입니까?

Quant costa... ?

나는 이해하지 못합니다

No entenc

문제

problema

안녕하세요!

Bona nit!

안녕하세요!

bon dia!

잘자요!

bona nit!

또 만나요

fins aviat

방향

direcció

수하물

bagatge

가방

bossa

배낭

sarrona

손님

convidat

방

cambra

침낭

sac de dormir

텐트

tenda

여행 안내

oficina de turisme

해변

platja

신용카드

carta de crèdit

아침식사

esmorzar

점심식사

dinar

저녁식사

sopar

승차권

bitllet

승강기

ascensor

우표

segell

경계

frontera

세관

duana

대사관

ambaixada

비자

visat

여권

passaport

여행 - viatge

운반
transport

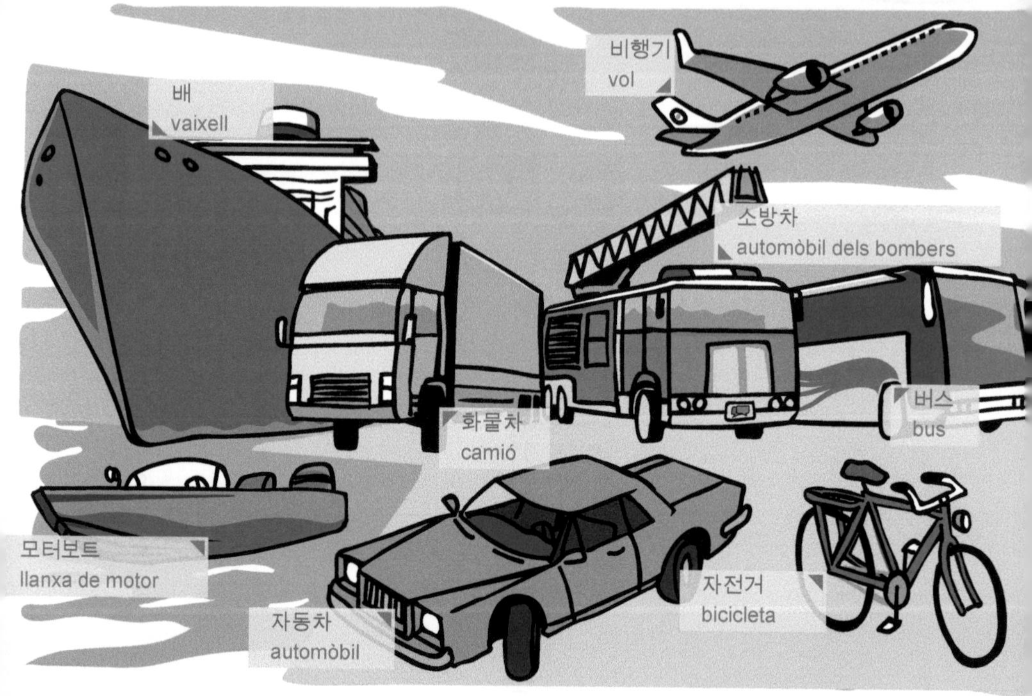

비행기
vol
배
vaixell
소방차
automòbil dels bombers
버스
bus
화물차
camió
모터보트
llanxa de motor
자전거
bicicleta
자동차
automòbil

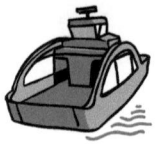

페리
transbordador

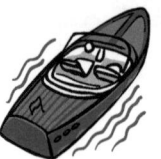

보트
barca

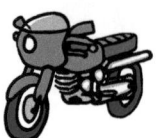

오토바이
moto

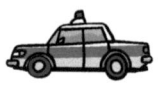

경찰차
automòbil de policia

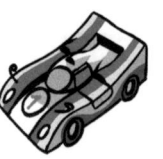

경주차
automòbil de curses

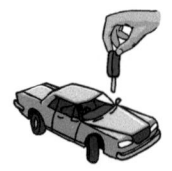

렌트카
automòbil de lloguer

카셰어링

vehicle compartit

견인차

grua

쓰레기차

camió de les escombraries

모터

motor

연료

benzina

주유소

benzineria

교통 표지

senyal de trànsit

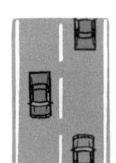

교통

trànsit

교통 정체

embús

주차장

aparcament

기차역

estació de trens

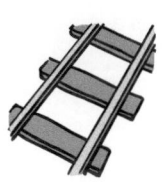

트랙터

vies

기차

tren

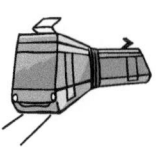

전차

tramvia

객차

vagó

운반 - transport

헬리콥터

helicòpter

공항

aeroport

타워

torre

승객

passatger

컨테이너

contenidor

상자

capsa de cartó

카트

carretó

바구니

cistella

출발하다 / 도착하다

enlairar-se / aterrar

도시
ciutat

마을

poble

도심

centre de la ciutat

집

casa

영화관
cinema

광고
anunci

가로등
fanal

거리
carrer

택시
taxista

보행자
pedestre

분식점
quiosc

인도
vorera

횡단보도
pas de zebra

레기통
lleda d'escombraries

교차로
encreuament

신호등
semàfor

CINEMA

오두막

cabana

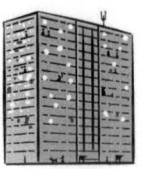

주택

apartament

기차역

estació de trens

시청

casa de la vila-ciutat

박물관

museu

학교

escola

대학교

universitat

은행

banca

병원

hospital

호텔

hotel

약국

farmàcia

사무실

oficina

서점

llibreria

상점

botiga

꽃가게

floristeria

수퍼마켓

supermercat

시장

mercat

백화점

gran magatzem

생선가게

peixateria

쇼핑 센터

centre comercial

항구

port

공원

parc

벤치

banc

다리

pont

계단

escala

지하철

metro

터널

túnel

버스 정류장

parada d'autobús

바

bar

레스토랑

restaurant

우체통

bústia de correu

도로 표지판

senyal indicador

주차료 징수기

parquímetre

동물원

zoo

수영장

piscina

모스크 사원

mesquita

농장

granja

환경오염

pol·lució

공동묘지

cementiri

교회

església

놀이터

parc infantil

절

temple

풍경

paisatge

잎
fulla

이정표
cartell indicador

길
camí

초원
prat

돌
pedra

나무
arbre

도보여행자
excursionista

강
riu

잔디
gespa

꽃
flor

계곡

vall

산

muntanya

호수

llac

숲

bosc

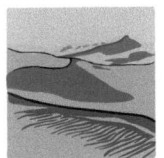

사막

desert

화산

volcà

성

castell

무지개

arc de Sant Martí

버섯

bolet

야자나무

palmera

모기

moscard

파리

mosca

개미

formiga

벌

abella

거미

aranya

풍경 - paisatge

딱정벌레

escarabat

개구리

granota

다람쥐

esquirol

고슴도치

eriçó

토끼

llebre

부엉이

òliba

새

ocell

백조

cigne

맷돼지

senglar

사슴

cervo

순록

ant

댐

presa

풍력 터빈

turbina

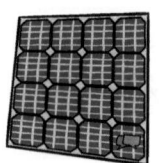

태양광 전지판

panell solar

기후

clima

레스토랑
restaurant

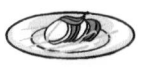

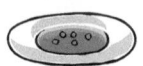

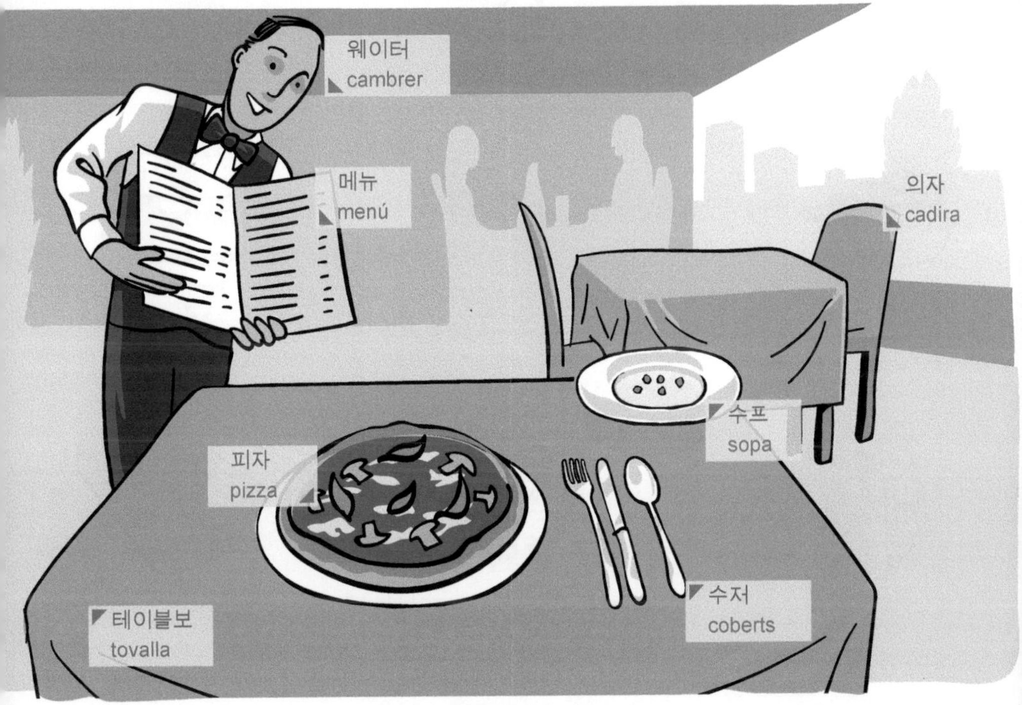

웨이터
cambrer
메뉴
menú
의자
cadira
수프
sopa
피자
pizza
수저
coberts
테이블보
tovalla

전채요리

primer plat

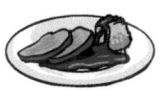

주요리

plat principal

후식

darreries

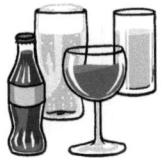

음료수

begudes

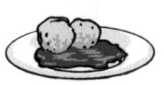

음식

menjar

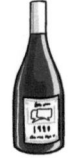

병

ampolla

인스턴트 식품

menjar ràpid

길거리음식

menjar de carrer

찻주전자

tetera

설탕통

sucrer

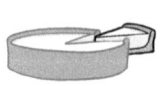

인분

porció

에스프레소 머신

màquina d'espresso

높은 의자

trona

계산서

factura

쟁반

plata

칼

ganivet

포크

forqueta

숟가락

cullera

찻숟가락

cullereta

냅킨

tovalló

유리잔

got

레스토랑 - restaurant

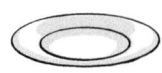

접시

plat

수프 그릇

plat de sopa

컵 받침

plateret

소스

salsa

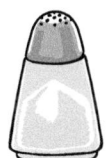

소금통

saler

후추통

molinet de pebre

식초

vinagre

기름

oli

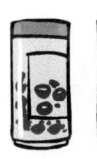

양념

espècies

케첩

quètxup

겨자

mostassa

마요네즈

maionesa

수퍼마켓

supermercat

특가 판매
oferta especial
FOR
고객
client
유제품
productes lactis
트롤리
carret de la compra
과일
fruites

BUTCHERS

정육점

carnisseria

BAKERY

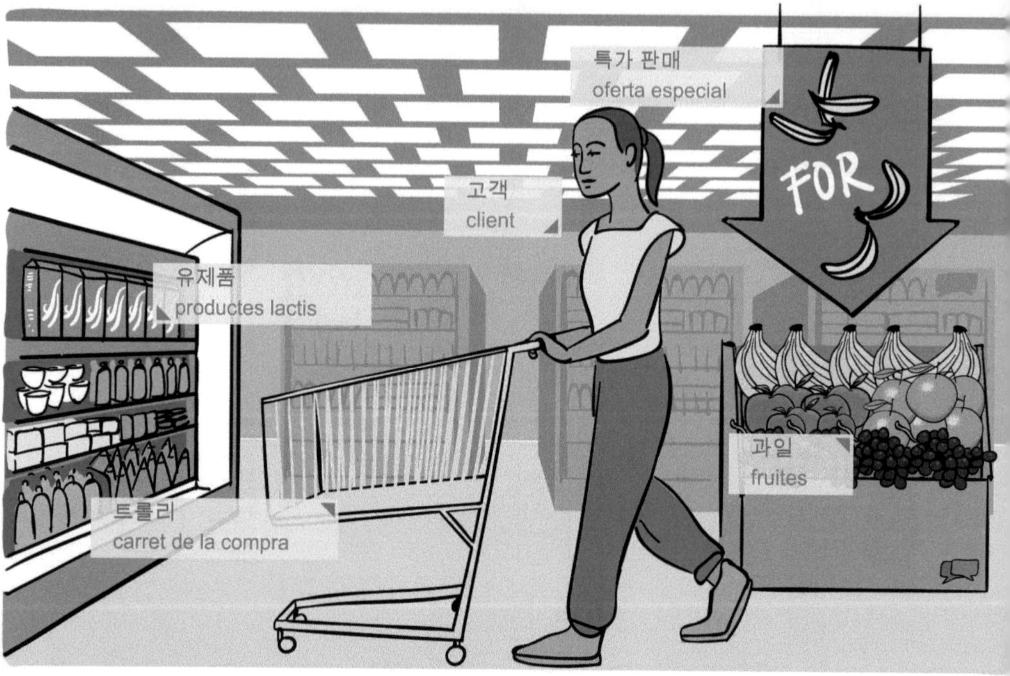

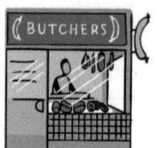

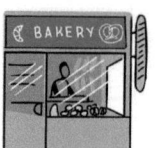

빵집

forn de pa

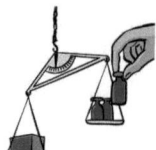

무게가 나가다

pesar

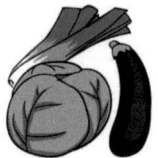

채소

verdures

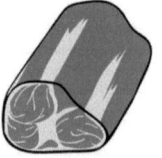

고기

carn

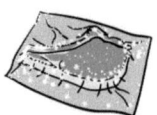

냉동식품

menjar congelat

냉육
carn freda

통조림
conserves

가루 세제
detergent en pols

달콤한 간식
dolços

가정용품
articles domèstics

세척제
productes de neteja

판매원
venedora

계산대
caixa registradora

계산원
caixera

구매목록
llista de la compra

문 여는 시간
horari d'obertura

지갑
portamonedes

신용카드
carta de crèdit

가방
bossa

비닐 봉투
bossa de plàstic

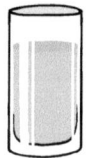

물
aigua

주스
suc

우유
llet

콜라
coca-cola

와인
vi

맥주
cervesa

술
alcohol

카카오
cacau

차고
te

커피
cafè

에스프레소
espresso

카푸치노
cappuccino

바나나
banana

사과
poma

오렌지
taronja

수박
síndria

레몬
llimona

당근
pastanaga

마늘
all

대나무
bambú

양파
ceba

버섯
bolet

견과류
avellanes

국수
fideus

스파게티

espaguetis

쌀

arròs

샐러드

amanida

감자칩

patates fregides

감자튀김

patates fregides

피자

pizza

햄버거

hamburguesa

샌드위치

entrepà

커틀렛

escalopa

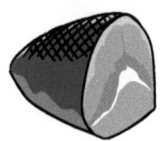

햄

cuixot

살라미

salami

소시지

salsitxa

닭

pollastre

구이

rostit

생선

peix

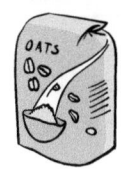

오트밀
flocs de civada

뮤슬리
musli

콘플레이크
cereals

밀가루
farina

크루아상
croissant

롤빵
panet

빵
pa

토스트
torrada

비스킷
bescuits

버터
mantega

응유
mató

케이크
pastís

달걀
ou

계란 후라이
ou fregit

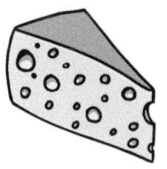

치즈
formatge

아이스크림

gelat

설탕

sucre

꿀

mel

잼

melmelada

누가 크림

crema de xocolata

카레

curri

농가
granja

헛간
graner

볏짚 더미
bala de palla

들
camp

말
cavall

트레일러
remolc

망아지
poltre

트랙터
tractor

당나귀
ase

양
ovella

새끼 양
xai

염소

cabra

암소

vaca

송아지

vedella

돼지

porc

새끼 돼지

garrí

황소

bou

거위
oca

오리
ànec

병아리
poll

암탉
gall

수탉
gallina

쥐
rata

고양이
gat

생쥐
ratolí

황소
bou

개
gos

개집
gossera

정원용 호스
mànega de regar

물뿌리개
regadora

큰 낫
dalla

쟁기
arada

낫
falç

괭이
aixada

쇠스랑
forca

도끼
destral

외바퀴 손수레
carretó

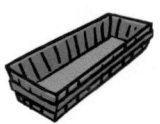

여물통
abeurador

우유 캔
lletera

부대
sac

울타리
tanca

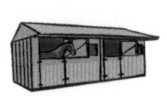

축사
establa

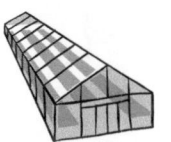

비닐하우스
hivernacle

땅
sòl

씨앗
llavor

거름
adob

콤바인
collidora

수확하다

collir

수확

collita

참마

nyam

밀

blat

콩

soja

감자

patata

옥수수

blat de moro o d'indi

유채씨

colza

과일나무

arbre fruiter

카사바

mandioca

곡식

cereals

집

casa

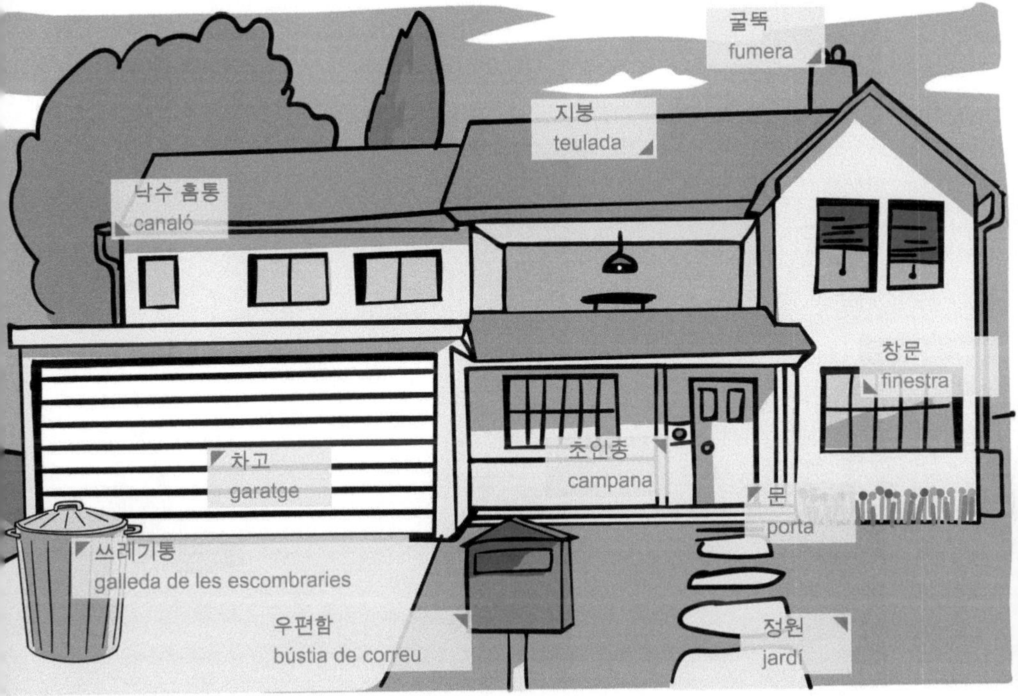

굴뚝
fumera
지붕
teulada
낙수 홈통
canaló
창문
finestra
차고
garatge
초인종
campana
문
porta
쓰레기통
galleda de les escombraries
우편함
bústia de correu
정원
jardí

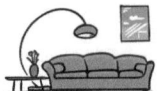

응접실

sala d'estar

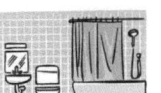

욕실

bany

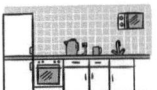

부엌

cuina

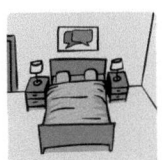

침실

cambra de dormir

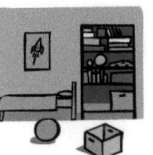

아이들 방

cambra de nen

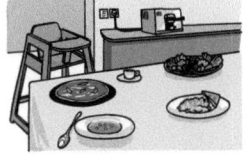

식사실

menjador

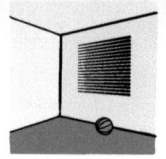

바닥

sòl

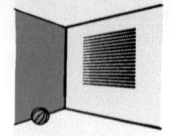

벽

paret

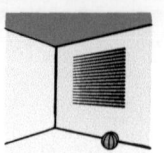

천장

sostre

지하실

soterrani

사우나

sauna

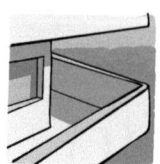

발코니

balcó

테라스

terrassa

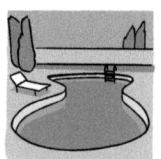

수영장

piscina

잔디 깎는 기계

tallagespa

침대 시트

vànova

이불

cobrellit

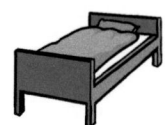

침대

llit

빗자루

escombra

양동이

galleda

스위치

interruptor

응접실

sala d'estar

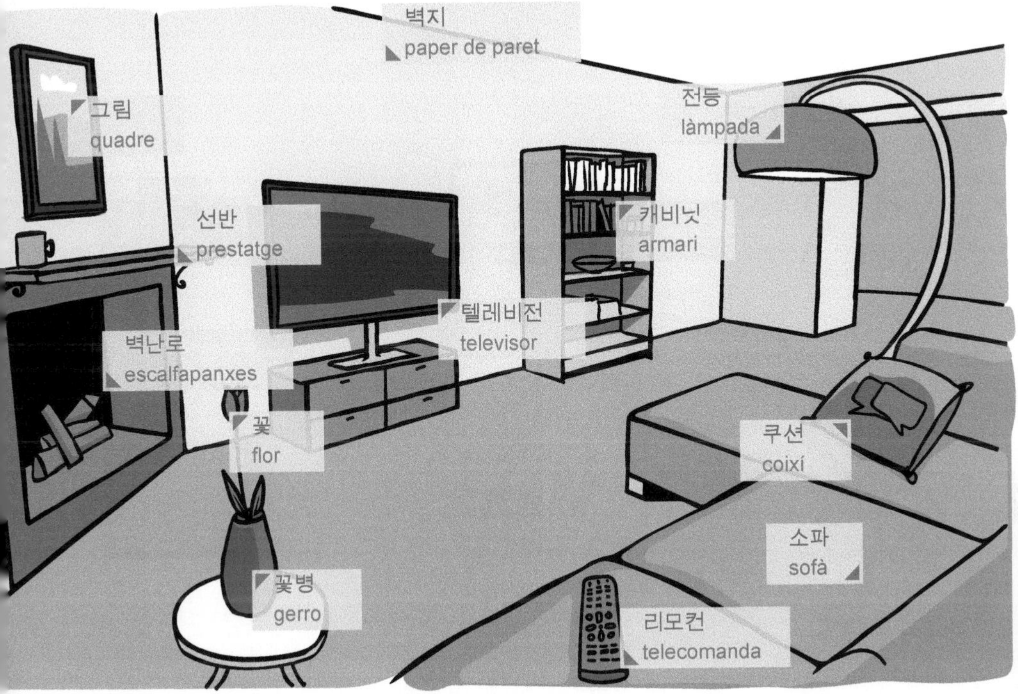

벽지
paper de paret
그림
quadre
전등
làmpada
선반
prestatge
캐비닛
armari
텔레비전
televisor
벽난로
escalfapanxes
꽃
flor
쿠션
coixí
소파
sofà
꽃병
gerro
리모컨
telecomanda

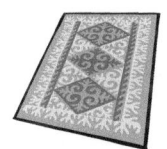

카페트

catifa

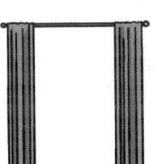

커튼

cortina

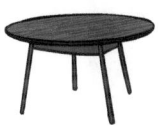

탁자

taula

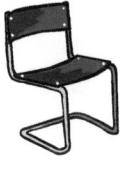

의자

cadira

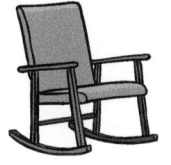

흔들의자

cadira gronxadora

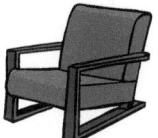

안락의자

cadiral

책
llibre

담요
llençol

장식
decoració

뗄감나무
llenya

영화
film

하이파이 기기
cadena de música

열쇠
clau

신문
diari

회화
pintura

포스터
cartell

라디오
ràdio

노트
bloc de notes

진공청소기
aspiradora

선인장
cactus

초
candela

부엌
cuina

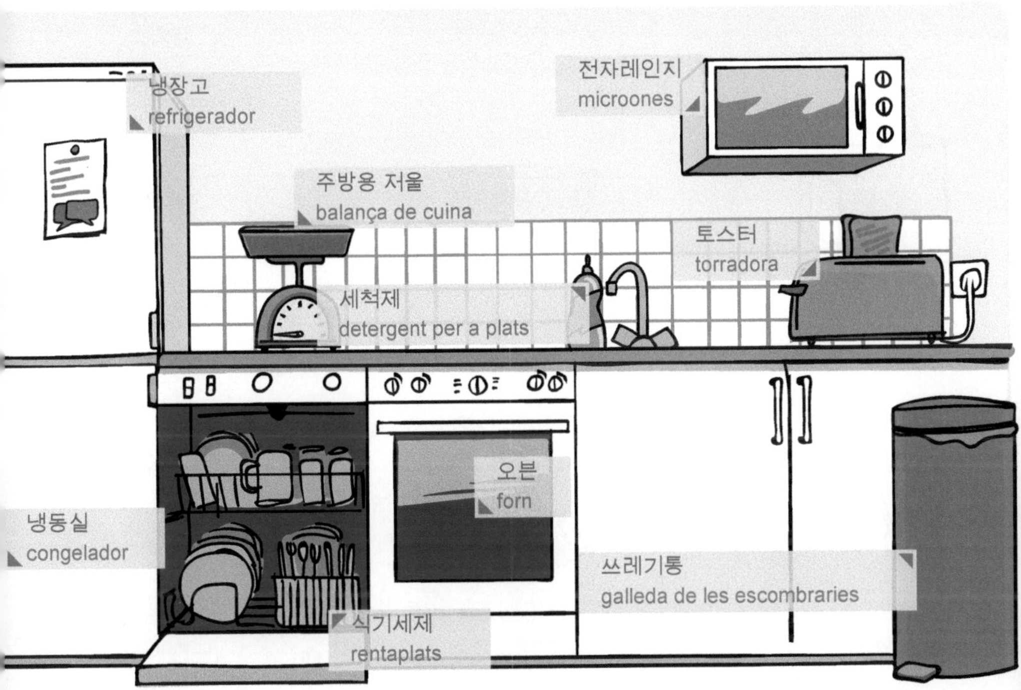

냉장고
refrigerador
전자레인지
microones
주방용 저울
balança de cuina
토스터
torradora
세척제
detergent per a plats
오븐
forn
냉동실
congelador
쓰레기통
galleda de les escombraries
식기세제
rentaplats

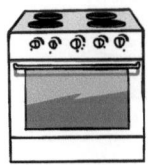

쿠커
cuina de fogons

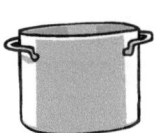

냄비
olla

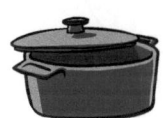

주철 냄비
olla de ferro colat

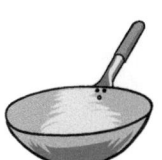

웍 / 카다이 냄비
wok / karahi

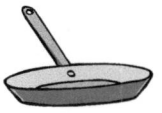

프라이팬
paella

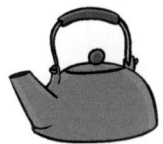

주전자
bullidor

찜기

olla de vapor

오븐 구이용 쟁반

plata de forn

그릇

vaixella

머그

tassa grossa

양푼이

bol

젓가락

bastonets xinesos

국자

culler

주걱

espàtula

거품기

batedor

여과기

colador

체

sedàs

강판

ratllador

절구

morter

바베큐

barbacoa

화덕

foc a terra

도마

taula de tallar

밀방망이

corró

코르크 병따개

llevataps

캔

pot de conserva

캔 따개

obridor

냄비 받침

agafador

개수대

aigüera

솔

raspall

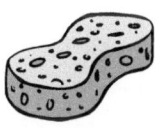

수세미

esponja

블렌더

batedora

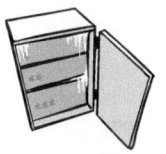

냉동고

congelador

젖병

biberó

수도꼭지

aixeta

욕실

bany

히터
calefacció
수건
tovallola
샤워
dutxa
샤워 커튼
cortina de dutxa
거품 비누
bany de bombollles
욕조
banyera
유리잔
got
세탁기
rentadora
수도꼭지
aixeta
타일
rajoles
변기
orinal
개수대
aigüera

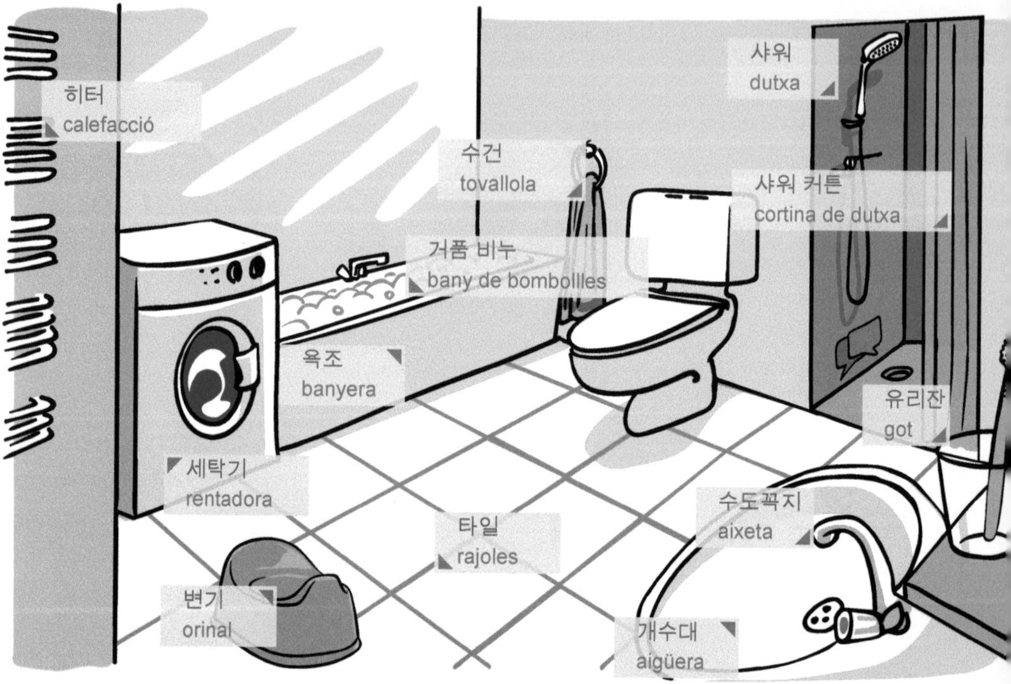

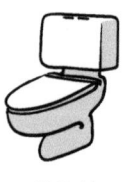

화장실

lavabo

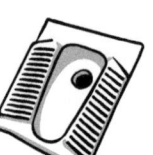

재래식 화장실

lavabo turc

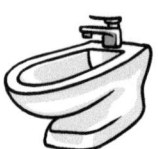

비데

bidet

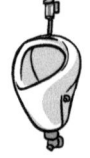

공중 변소

orinador

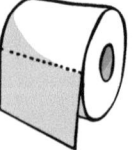

화장지

paper higiènic

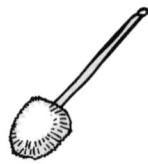

변기솔

escombreta de sanitari

치솔

raspall de dents

치약

pasta de dents

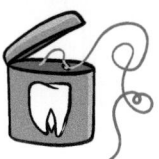

치실

fil dental

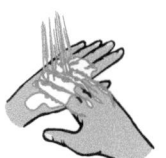

씻다

rentar

샤워기

pom de dutxa

질 세척제

dutxa íntima

대야

rentamans

등밀이솔

raspall per a l'esquena

비누

sabó

샤워 젤

gel de dutxa

샴푸

xampú

물걸레

manyopla de bany

배수관

bonera

크림

crema

체취 제거제

desodorant

거울

mirall

휴대용 거울

mirall-espill de mà

면도기

maquineta de rasar

면도 거품

espuma de barbejar

에프터쉐이브

loció post-rasada

빗

pinta

솔

raspall

헤어드라이기

eixugador

헤어스프레이

laca

메이크업

maquillatge

립스틱

pintallavis

손톱깎이

esmalt d'ungles

면 솜

cotó

손톱

tallaungles

향수

perfum

세면도구 주머니

estoig de bellesa

스툴

tamboret

저울

bàscula

목욕 가운

barnús

고무 장갑

guants de goma

탐폰

compresa higiènica

생리대

compresa

화학 화장실

sanitari químic

아이들 방

cambra de nen

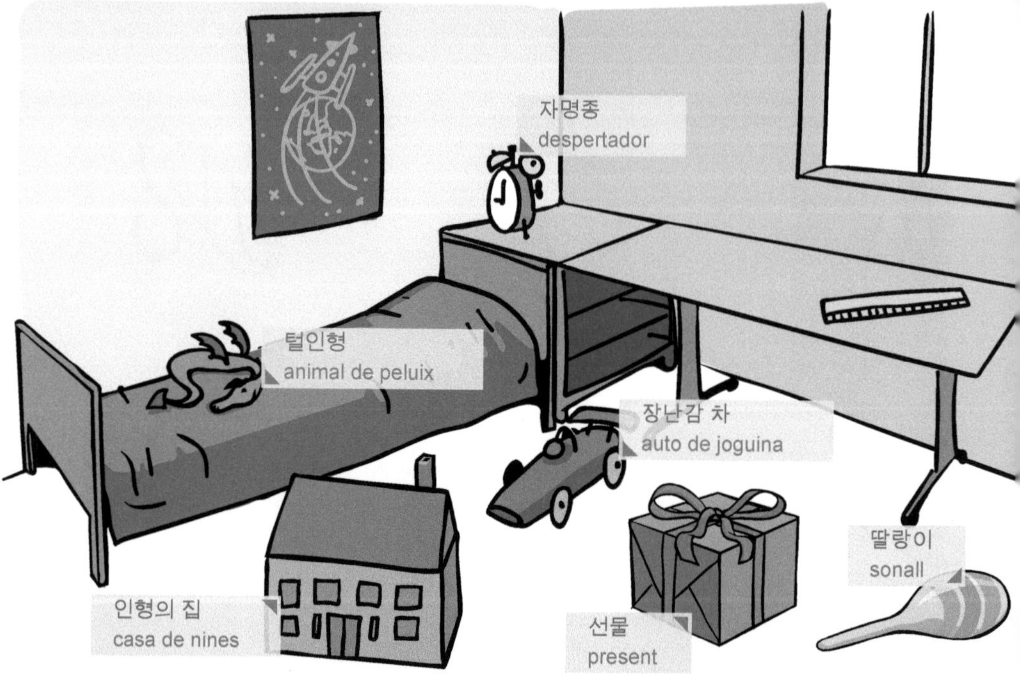

자명종
despertador
털인형
animal de peluix
장난감 차
auto de joguina
딸랑이
sonall
인형의 집
casa de nines
선물
present

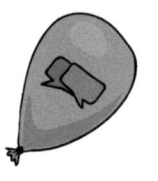

풍선
baló

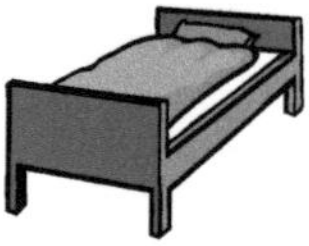

침대
llit

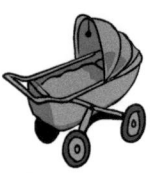

유모차
cotxet per a nens

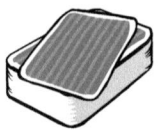

카드 게임
joc de cartes

퍼즐
trencaclosca

SUPER MEGA

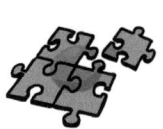

만화
historieta

레고

peces de lego

장난감 블럭

peces de construcció

액션 캐릭터

ninot d'acció

베이비 그로

granota

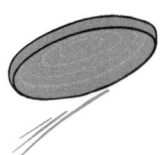

프리스비

frisbee

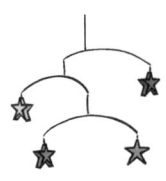

모빌

mòbil per a bressol

보드 게임

joc de taula

주사위

daus

기차 모형 세트

tren elèctric

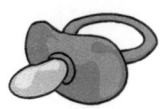

노리개 젖꼭지

xumet

파티

festa

그림책

llibre de dibuixos

공

pilota

인형

nina

놀다

jugar

모래상자

sorrera

그네

gronxador

장난감

joguines

비디오 게임 콘솔

consola de jocs de vídeo

세바퀴자전거

tricicle

곰인형

osset de peluix

옷장

armari

의복

roba

양말

mitjons

스타킹

mitges

스타킹

mitja pantaló

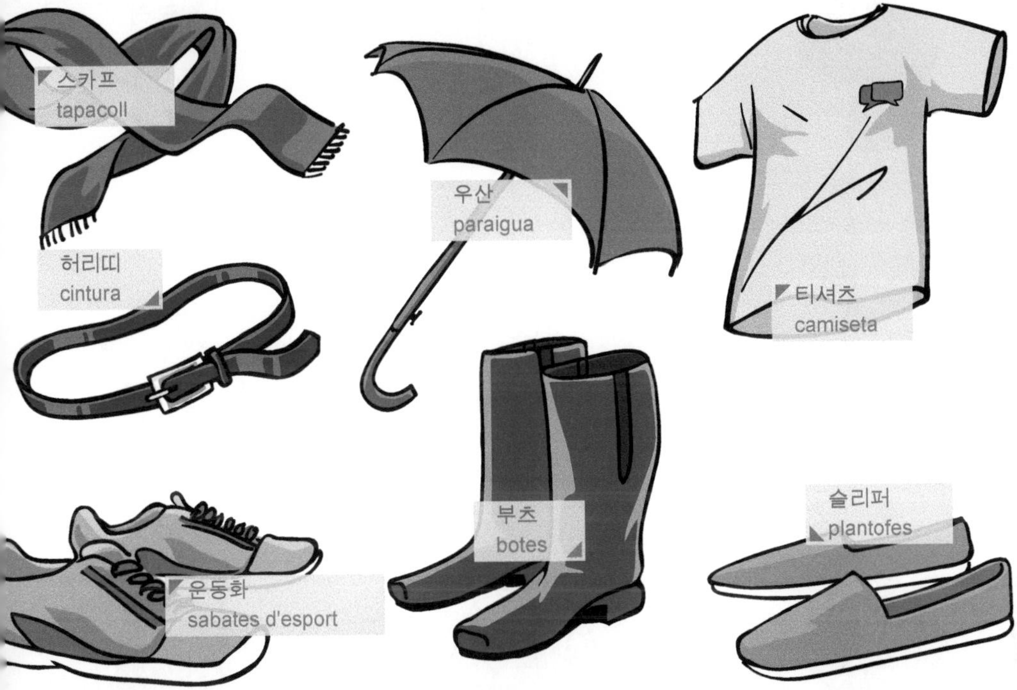

스카프
tapacoll

우산
paraigua

허리띠
cintura

티셔츠
camiseta

부츠
botes

슬리퍼
plantofes

운동화
sabates d'esport

샌들
....
sandàlies

신발
....
sabates

고무 장화
....
botes de goma

팬티
....
calçonets

브래지어
....
sostenidor

러닝 셔츠
....
guardapits

바디
jjustacòs

바지
pantalons

청바지
jeans

치마
faldeta

블라우스
brusa

셔츠
camisa

풀오버
jersei

후드티
dessuadora

블레이저
blazer

자켓
jaqueta

외투
mantell

비옷
impermeable

의상
vestit de dona

원피스
vestit de dona

웨딩 드레스
vestit de núvia

양복

vestit d'home

나이트가운

camisa de dormir

잠옷

pijama

사리

sari

두건

mocador de cap

터번

turbant

부르카

burca

카프탄

caftan

아바야

abaia

수영복

vestit de bany

수영바지

calçon(et)s de bany

반바지

pantalons curts

트레이닝복

xandall

앞치마

davantal

장갑

guants

단추

botó

안경

ulleres

팔찌

braçalet

목걸이

collaret

반지

anell

귀걸이

orellera

캡 모자

casquet

옷걸이

penjador

모자

capell

넥타이

corbata

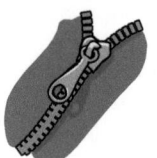

지퍼

cremallera

헬멧

casc

멜빵

elàstics

교복

uniforme escolar

유니폼

uniforme

턱받이
pitet

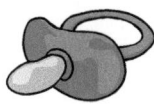

노리개 젖꼭지
xumet

기저귀
bolquer

사무실
oficina

서버
servidor

서류 캐비닛
armari arxivador

인쇄기
impressora

모니터
monitor

종이
paper

마우스
ratolí

책상
escriptori

폴더
arxivador

자판기
teclat

휴지통
paperera

의자
cadira

컴퓨터
ordinador

커피잔
tassa de cafè

계산기
calculadora

인터넷
Internet

노트북
ordinador portàtil

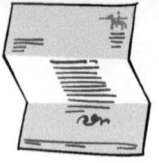

편지
lletra

메시지
missatge

휴대전화
mòbil

네트워크
xarxa

복사기
fotocopiadora

소프트웨어
programari

전화
telèfon

플러그 소켓
presa de corrent

팩시밀리
fax

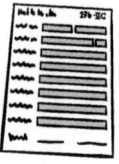

서식
formulari

서류
document

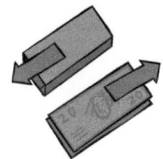

사다
comprar

지불하다
pagar

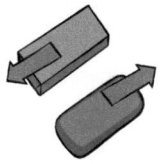

거래하다
comerciar

돈
diners

달러
dòlar

유로
euro

엔
ien

루벨
ruble

스위스 프랑
franc suís

위안
renminbi

루피
rupia

현금인출기
caixa automàtica

환전소

oficina de canvi

금

or

은

argent

석유

petroli

에너지

energia

가격

preu

계약

contracte

세금

impost

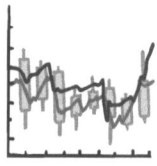

주식

acció

일하다

treballar

근로자

treballador

고용주

empresari

공장

fàbrica

상점

botiga

직업

oficis

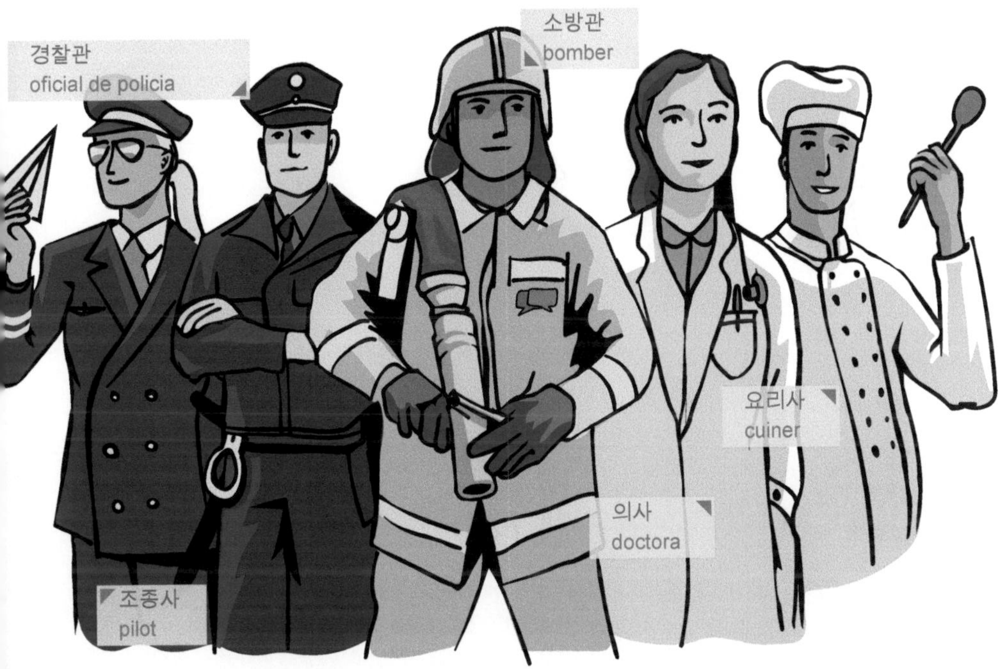

경찰관
oficial de policia
소방관
bomber
요리사
cuiner
의사
doctora
조종사
pilot

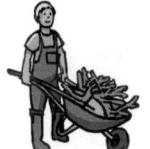

정원사

jardiner

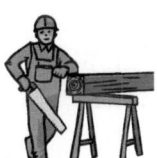

목수

fuster

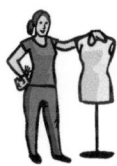

수선공

costurera

판사

jutge

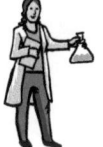

화학자

química

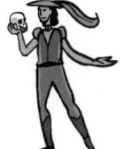

배우

actor

버스운전사

conductor d'autobús

택시 운전사

taxista

어부

pescador

청소부

dona de la neteja

지붕 수리자

ensostrador

웨이터

cambrer

사냥꾼

caçador

화가

pintor

제빵사

forner

전기업자

electricista

건축업자

obrer de la construcció

엔지니어

enginyer

정육점업자

carnisser

배관업자

llanterner

우편물 배달부

correu

군인
soldat

건축가
arquitecte

계산원
caixera

플로리스트
florista

미용사
perruquer

검표원
revisor

정비사
mecànic

선장
capità

치과의사
dentista

학자
científic

유대교 라비
rabí

이맘
imam

수도승
monjo

사제
capellà

연장

eines

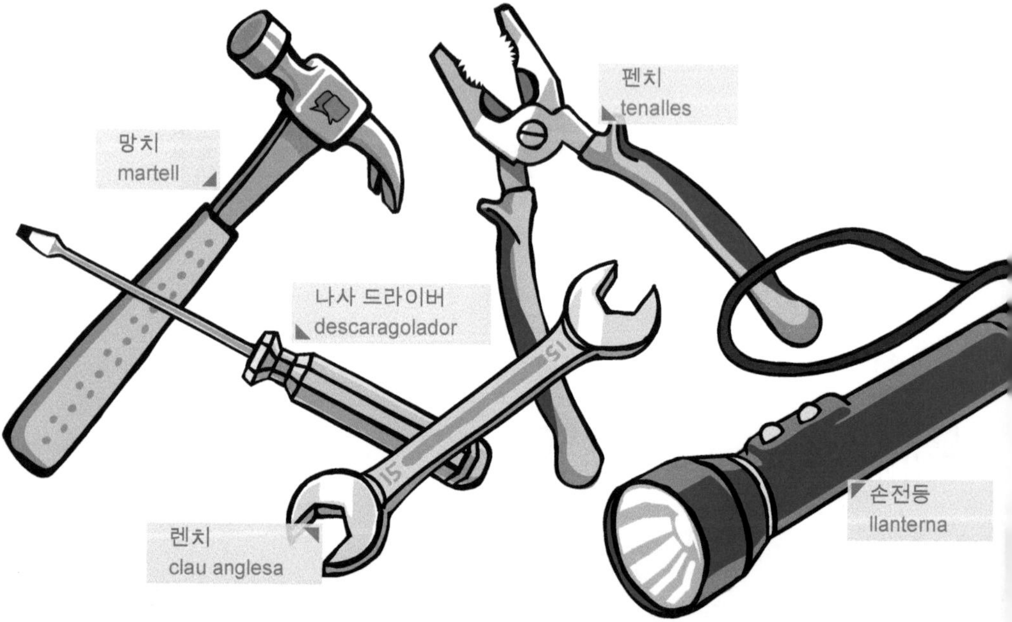

망치
martell
펜치
tenalles
나사 드라이버
descaragolador
렌치
clau anglesa
손전등
llanterna

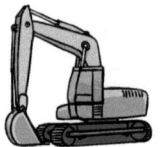

굴삭기

excavadora

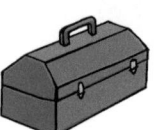

연장통

caixa d'eines

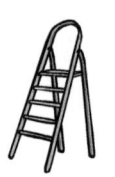

사다리

escala

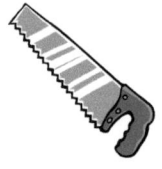

톱

serra

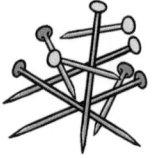

못

claus

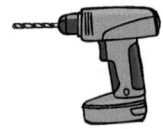

드릴

trepant

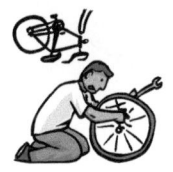

수리하다

reparar

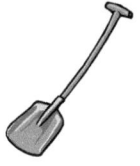

삽

pala

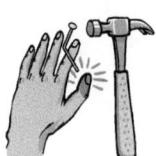

젠장!

Maleït siga!

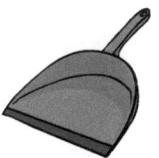

쓰레받기

pala

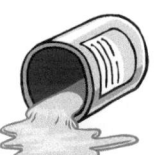

페인트통

pot de pintura

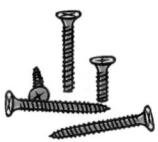

나사

caragols

악기

instrument de música

스피커
altaveu
드럼
bateria
기타
guitarra
콘트라베이스
contrabaix
트럼펫
trompeta

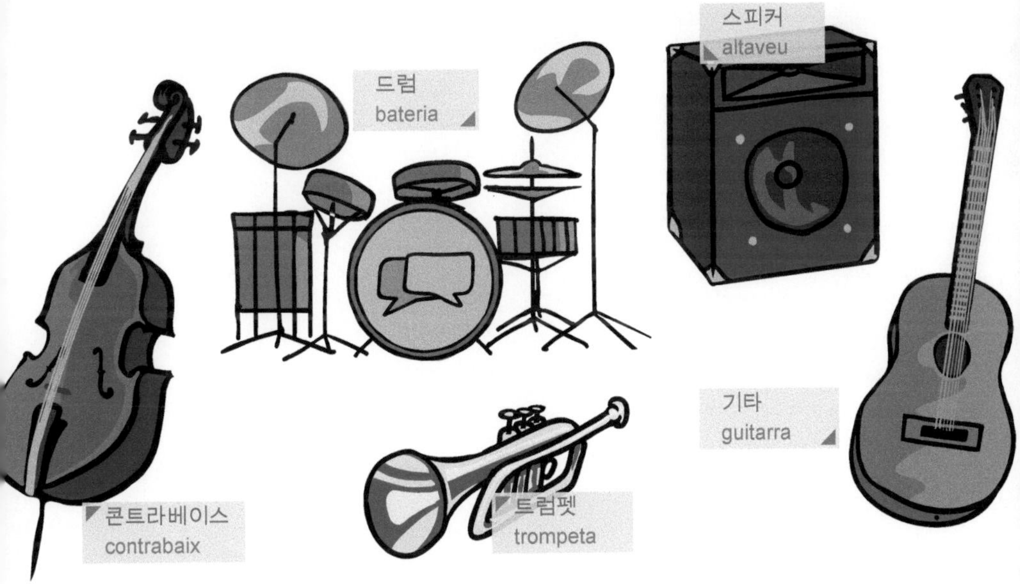

피아노

piano

바이올린

violí

베이스

baix

팀파니

timbal

북

tambor

키보드

teclat

색소폰

saxofon

플루트

flauta

마이크

micròfon

동물원

ZOO

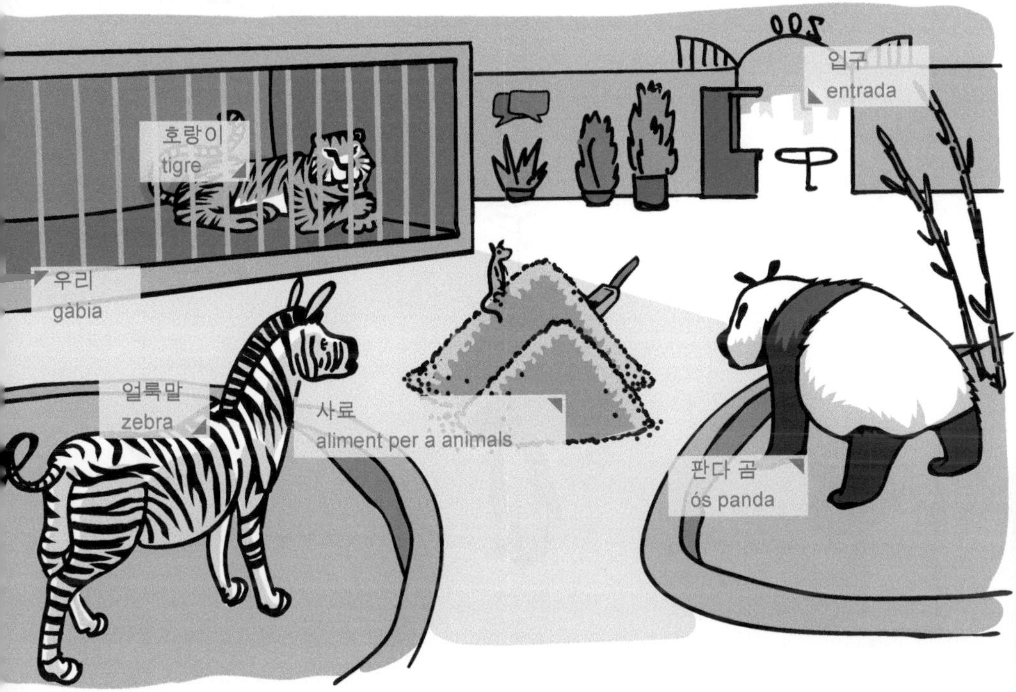
입구
entrada
호랑이
tigre
우리
gàbia
얼룩말
zebra
사료
aliment per a animals
판다 곰
ós panda

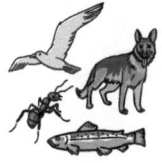

동물

animals

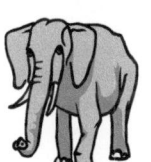

코끼리

elefant

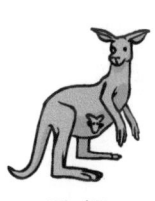

캥거루

cangurú

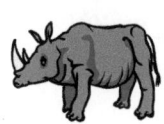

코뿔소

rinoceront

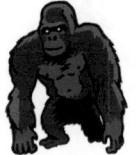

고릴라

goril·la

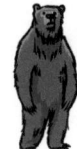

곰

ós

낙타

camell

타조

estruç

사자

lleó

원숭이

simi

홍학

flamenc

앵무새

papagai

북극곰

ós polar

펭귄

pingüí

상어

ca mari

공작

paó

뱀

serp

악어

cocodril

동물원 사육사

guardià del zoo

물개

foca

재규어

jaguar

조랑말

poni

표범

lleopard

하마

hipopòtam

기린

girafa

독수리

àliga

맷돼지

senglar

생선

peix

거북이

tortuga

바다코끼리

morsa

여우

guineu

영양

gasela

미식축구
futbol americà

자전거 경기
ciclisme

테니스
tenis

농구
bàsquet

수영
natació

권투
boxa

아이스하키
hoquei sobre gel

축구
futbol americà

배드민턴
bàdminton

육상 경기
atletisme

핸드볼
handbol

스키
esquí

폴로
polo

활동

activitats

웃다
riure
뛰어오르
다
saltar
포옹하다
abraçar
걷다
anar
노래하다
cantar
꿈꾸다
somiar
기도하다
pregar
입맞추다
fer un petó

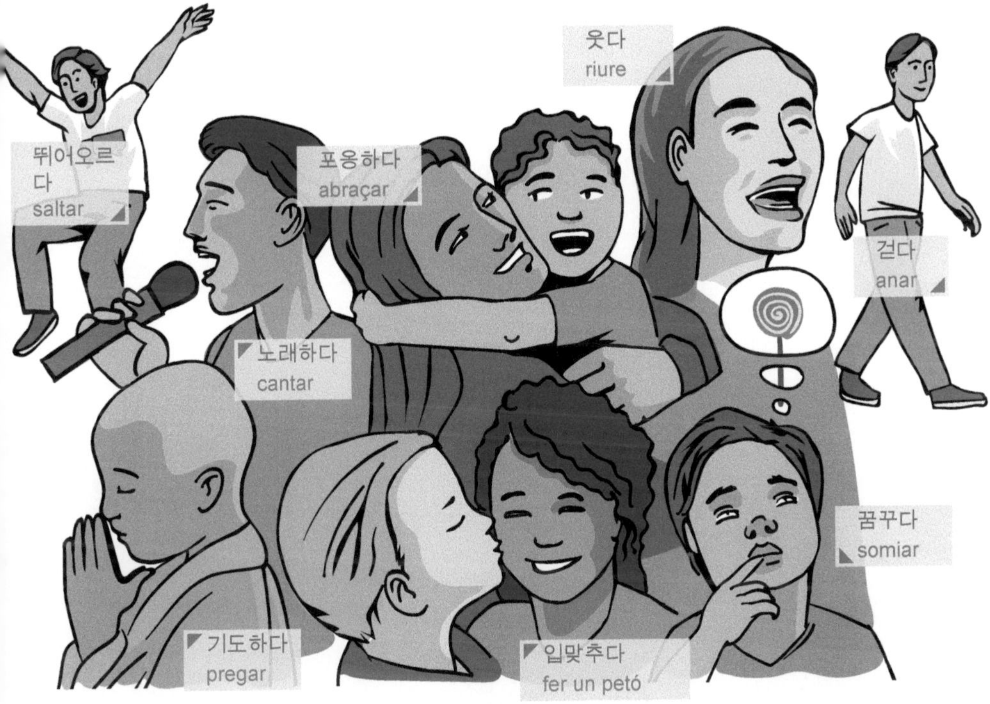

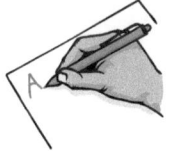

쓰다

escriure

그리다

dibuixar

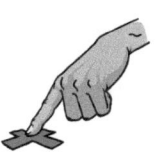

보여주다

mostrar

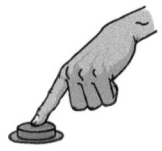

밀다

pitjar

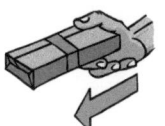

주다

donar

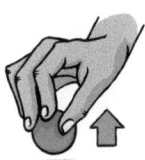

받다

prendre

가지다

tenir

행하다

fer

...이다

ésser

서있다

estar dret

뛰다

córrer

당기다

estirar

던지다

llançar

떨어지다

caure

누워있다

jeure

기다리다

esperar

운반하다

portar

앉다

asseure's

옷을 입다

vestir-se

자다

dormir

깨다

despertar-se

활동 - activitats

보다

mirar

울다

plorar

쓰다듬다

amoixar

빗다

pentinar

말하다

parlar

이해하다

comprendre

묻다

demanar

듣다

escoltar

마시다

beure

먹다

menjar

정리하다

endreçar

사랑하다

estimar

요리하다

cuinar

주행하다

conduir

날다

volar

해항하다

navegar

계산하다

calcular

읽다

llegir

배우다

aprendre

일하다

treballar

결혼하다

casar-se

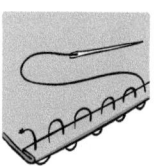

바느질하다

cosir

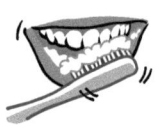

이를 닦다

raspallar-se les dents

죽이다

matar

담배 피우다

fumar

보내다

enviar

할머니
avia

할아버지
avi

아버지
pare

어머니
mare

아기
nadó

딸
filla

아들
fill

손님
convidat

이모 / 고모
tia

삼촌
oncle

형제
germà

자매
germana

몸통

cos

이마
front
눈
ull
어깨
espatlla
손가락
dit
얼굴
cara
턱
barbeta
손가락
mà
가슴
pit
다리
cama
팔
braç

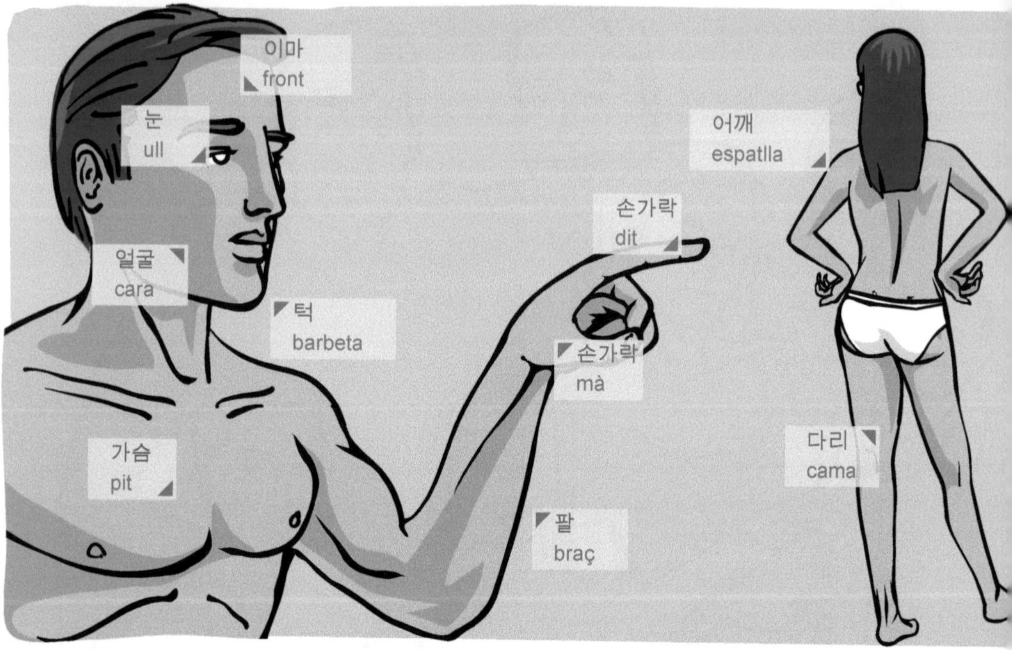

아기
nadó

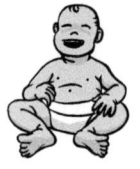

남자
home

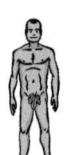

여자
dona

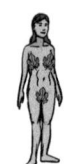

소녀
noia

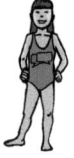

소년
noi

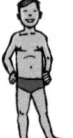

머리카락
cap

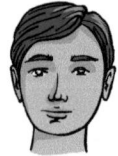

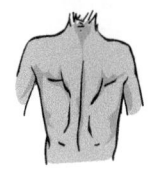

등
esquena

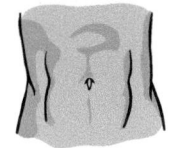

배
panxa

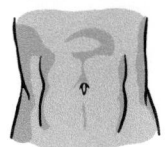

배꼽
melic

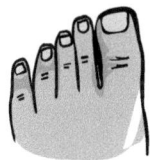

발가락
dit gros del peu

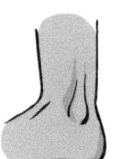

발꿈치
taló

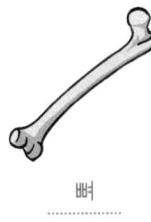

뼈
os

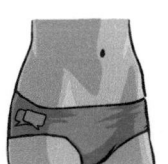

엉덩이
maluc

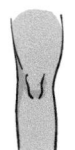

무릎
genoll

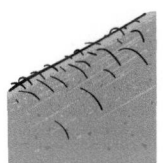

팔꿈치
colze

코
nas

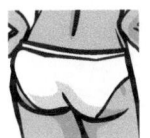

둔부
cul

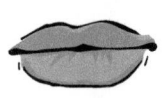

피부
pell

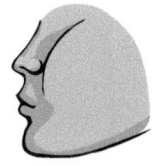

빰
galta

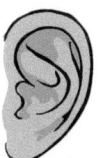

귀
orella

입술
llavi

입
boca

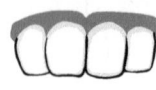

치아
dent

혀
llengua

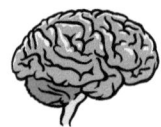

뇌
cervell

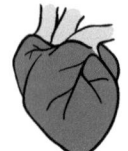

심장
cor

근육
múscul

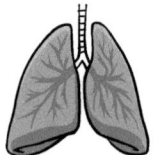

허파
pulmó

간
fetge

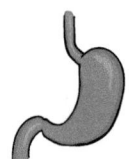

위
estómac

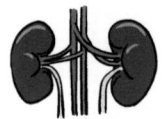

신장
ronyó

성교
relació sexual

콘돔
preservatiu

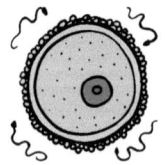

난자
ovari

정자
semen

임신
prenyat

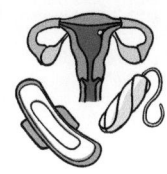

월경

menstruació

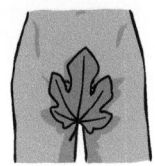

질

vagina

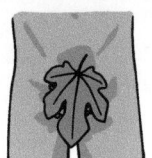

음경

penis

눈썹

cella

머리카락

cabells

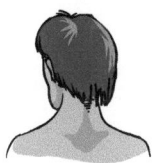

목

coll

병원

hospital

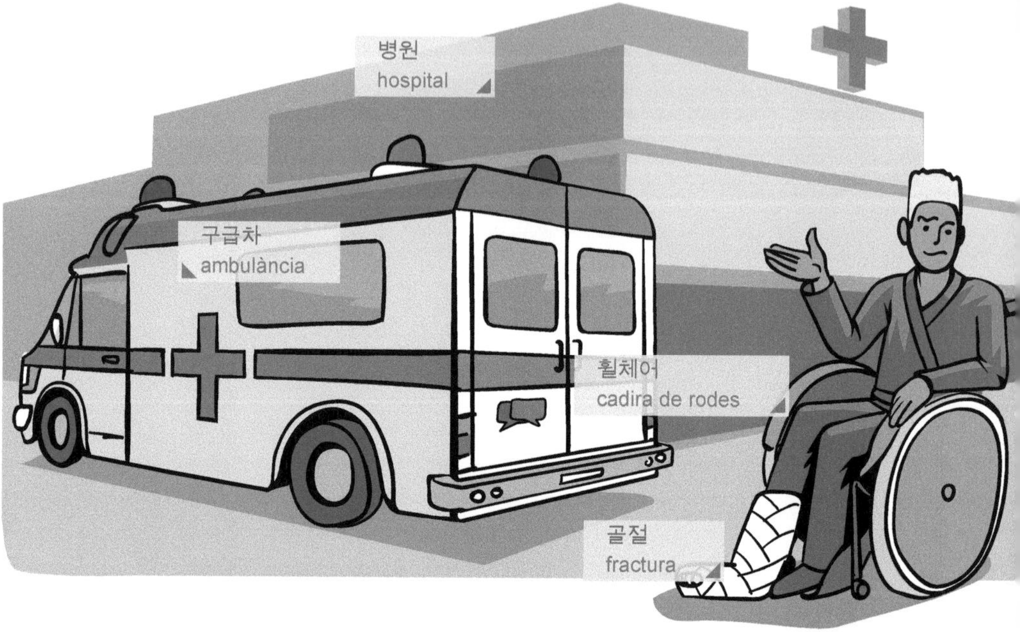

병원
hospital
구급차
ambulància
휠체어
cadira de rodes
골절
fractura

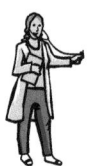

의사

doctora

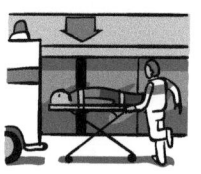

응급실

sala d'urgències

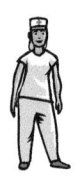

간호사

infermera

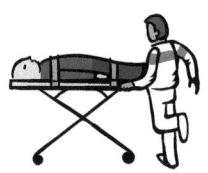

응급상황

urgència

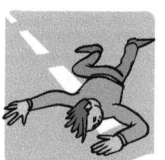

혼수상태

inconscient

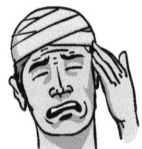

통증

dolor

부상
ferida

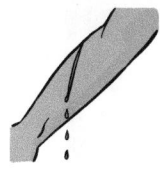

출혈
sagnament

심장마비
atac de cor

뇌졸중
apoplexia

알러지
al·lèrgia

기침
tos

열
febre

독감
gripa

설사
diarrea

두통
mal de cap

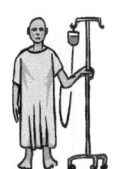

암
càncer

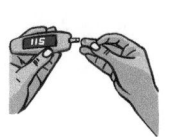

당뇨병
diabetis

외과의
cirurgià

수술용 메스
escalpel

수술
operació

CT

tomografia computada (TC), TAC

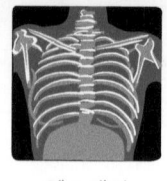

엑스레이

raigs x

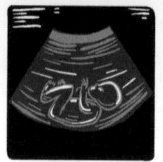

초음파

ultrasò

마스크

mascareta

질병

malaltia

대기실

sala d'espera

목발

crossa

반창고

tireta

붕대

embenat

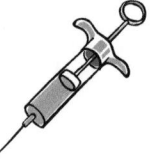

주사

injecció

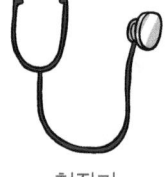

청진기

estetoscopi

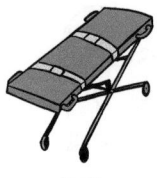

들것

llitera

체온계

termòmetre clínic

출생

pariment

과체중

sobrepès

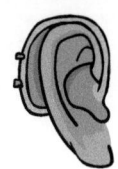

보청기

aparell auditiu

소독약

desinfectant

감염

infecció

바이러스

virus

HIV / AIDS

VIH / SIDA

의학

medicina

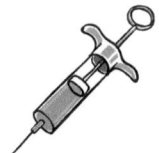

예방접종

vaccí

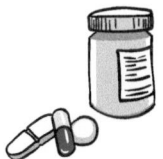

알약

comprimits

알약

píl·lola

구급 전화

trucada d'urgència

혈압측정기

tensiòmetre

병든 / 건강한

malalt / sà

도와주세요!

Socors!

경보음

alarma

폭행

assalt

공격

atac

위험

perill

비상구

sortida-eixida d'urgència

불이야!

Foc!

소화기

extintor

사고

accident

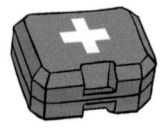

구급 상자

farmaciola de primers
auxilis

SOS

SOS

경찰

policia

유럽

Europa

북미

Amèrica del Nord

남미

Amèrica del Sud

아프리카

Àfrica

아시아

Àsia

호주

Austràlia

북극

Atlàntic

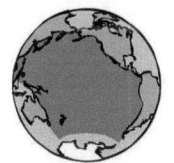

태평양

Pacífic

인도양

Oceà Índic

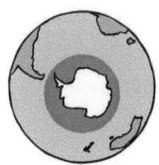

남극해

Oceà Antàrtic

북극해

Oceà Àrtic

북극해

pol nord

남극해

pol sud

남극

Antàrtida

지구

terra

육지

país

바다

mar

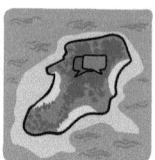

섬

illa

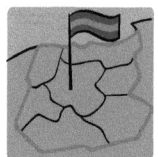

국가

nació

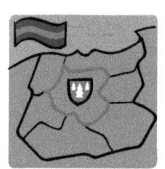

주

estat

시계 문자판
quadrant

시침
agulla de les hores

분침
agulla dels minuts

초침
agulla dels segons

몇 시입니까?
Quina hora és?

일
dia

시간
temps

지금
ara

디지털 시계
rellotge digital

분
minut

시간
hora

주간

setmana

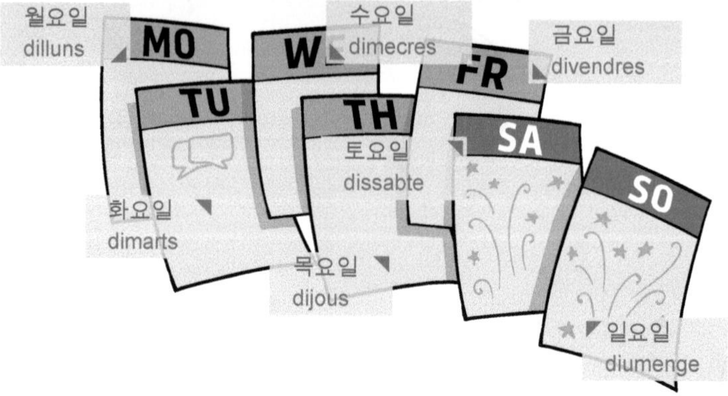
월요일
dilluns
MO
수요일
dimecres
W
금요일
divendres
FR
TU
TH
토요일
dissabte
SA
SO
화요일
dimarts
목요일
dijous
일요일
diumenge

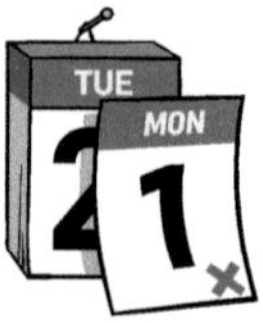
TUE
MON
1

어제

ahir

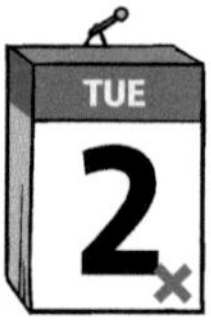
TUE
2

오늘

avui

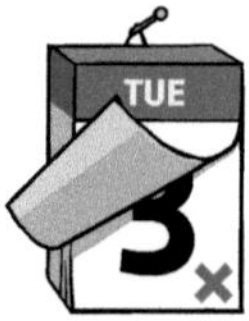
TUE
3

내일

demà

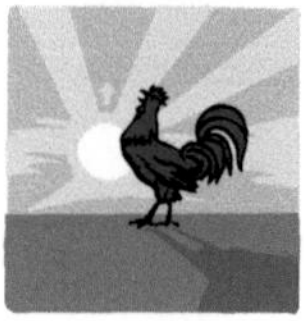

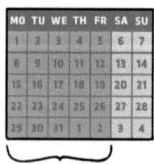

아침

matí

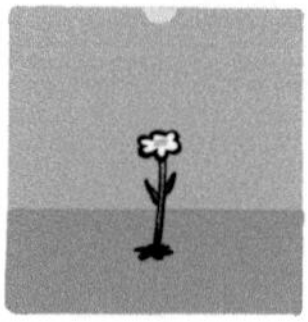

정오

migdia

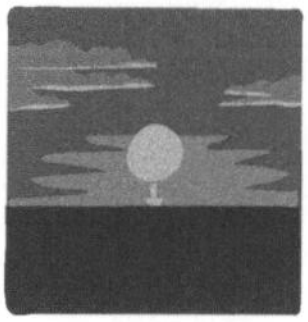

저녁

tarda

MO TU WE TH FR SA SU
1 2 3 4 5 6 7
8 9 10 11 12 13 14
15 16 17 18 19 20 21
22 23 24 25 26 27 28
29 30 31 1 2 3 4

근로일

dia feiner

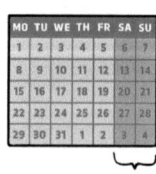

MO TU WE TH FR SA SU
1 2 3 4 5 6 7
8 9 10 11 12 13 14
15 16 17 18 19 20 21
22 23 24 25 26 27 28
29 30 31 1 2 3 4

주말

cap de setmana

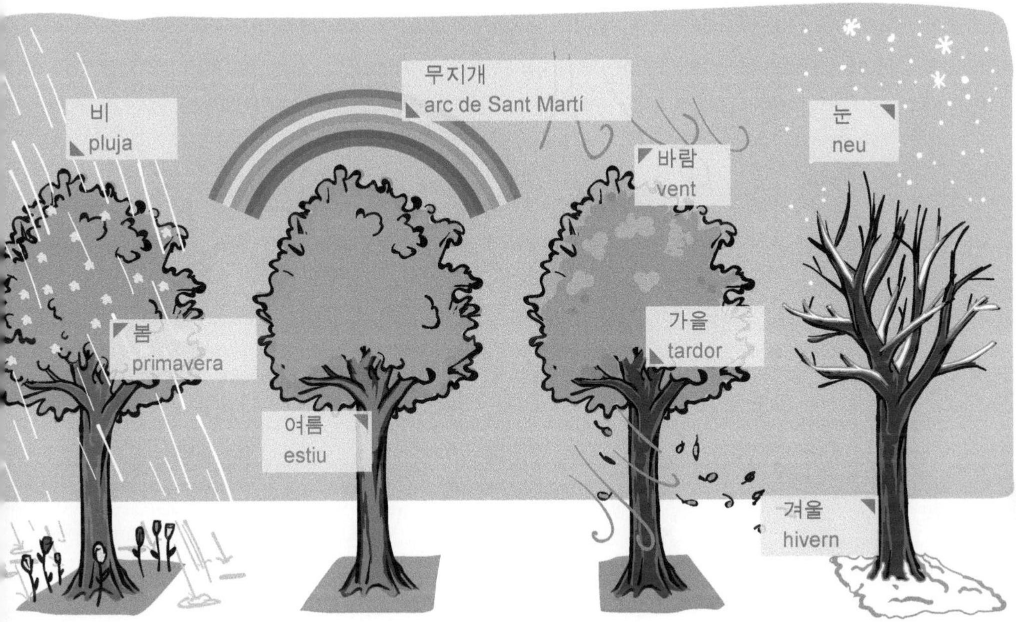

비
pluja
무지개
arc de Sant Martí
눈
neu
바람
vent
봄
primavera
가을
tardor
여름
estiu
겨울
hivern

4.APRIL 11°
5.APRIL 4°
6.APRIL 13°
7.APRIL 8°
8.APRIL 10°

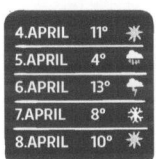

날씨 예보

pronòstic del temps

F
C
120
90
60
30
0
-30
40
30
20
10
0
-10
-20

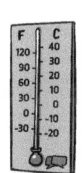

온도계

termòmetre

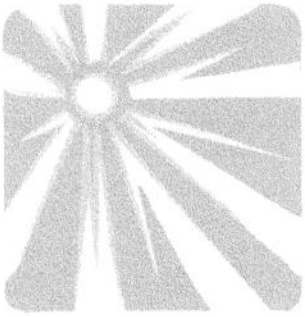

햇빛

llum del sol

구름

núvol

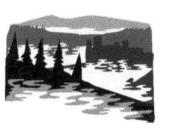

안개

boira

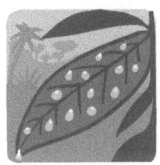

습도

humiditat de l'aire

번개

llamp

천둥

tro

폭풍

tempesta

우박

calamarsa

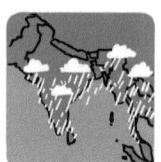

장마

monsó

홍수

inundació

얼음

gel

1월

gener

2월

febrer

3월

març

4월

abril

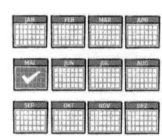

5월

maig

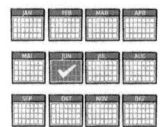

6월

juny

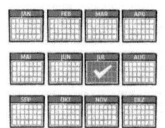

7월

juliol

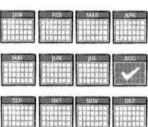

8월

agost

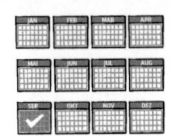

9월
....
setembre

10월
....
octubre

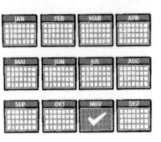

11월
....
novembre

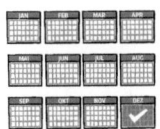

12월
....
desembre

형태
formes

원
....
cercle

정사각형
....
quadrat

직사각형
....
rectangle

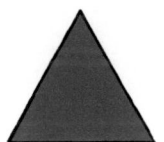

삼각형
....
triangle

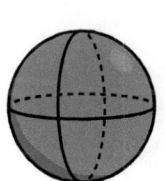

구
....
esfera

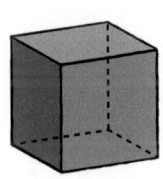

정사면체
....
cub

하양

blanc

노랑

groc

주황

taronja

분홍

rosa

빨강

vermell

보라

lila

파랑

blau

초록

verd

갈색

marró

회색

gris

검정

negre

많은 / 적은

molt / poc

화난 / 차분한

emprenyat / tranquil

아름다운 / 추한

bonic / lleig

시작 / 끝

començament / fi

큰 / 작은

gran / petit

밝은 / 어두운

clar / fosc

형제 / 자매

germà / germana

깨끗한 / 더러운

net / brut

완전한 / 불완전한

complet / incomplet

낮 / 밤

dia / nit

죽은 / 산

mort / viu

넓은 / 좁은

ample / estret

삭용의 / 비식용의

comestible / immenjable

불친절한 / 친절한

dolent / amable

흥분된 / 지루한

entusiasmat / entediat

뚱뚱한 / 마른

gros / prim

처음으로 / 마지막으로

primer / darrer

친구 / 적

amic / enemic

꽉 찬 / 텅 빈

ple / buit

딱딱한 / 부드러운

dur / tou

무거운 / 가벼운

pesant / lleuger

배고픔 / 목마름

gana / set

병든 / 건강한

malalt / sà

불법 / 합법

il·legal / legal

영리한 / 어리석은

intel·ligent / ximple

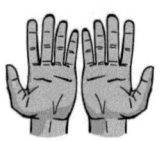

왼 / 오른

esquerra / dreta

가까운 / 먼

prop / llunyà

새 / 헌

nou / usat

무 / 유

res / quelcom

늙은 / 젊은

vell / jove

온 / 오프

encès / apagat

열린 / 닫힌

obert / tancat

조용한 / 시끄러운

silenciós / sorollós

부유한 / 가난한

ric / pobre

옳은 / 틀린

correcte / incorrecte

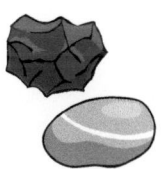

거친 / 매끄러운

aspre / suau

슬픈 / 기쁜

trist / content

짧은 / 긴

curt / llarg

느린 / 빠른

lent / ràpid

젖은 / 마른

humit / sec - eixut

따뜻한 / 시원한

calent / fred

전쟁 / 평화

guerra / pau

0

영

zero

1

하나

u

2

둘

dos

3

셋

tres

4

넷

quatre

5

다섯

cinc

6

여섯

sis

7

일곱

set

8

여덟

vuit

9

아홉

nou

10

열

deu

11

열하나

onze

12
열둘
dotze

13
열셋
tretze

14
열넷
catorze

15
열다섯
quinze

16
열여섯
setze

17
열일곱
disset

18
열여덟
divuit

19
열아홉
dinou

20
스물
vint

100
백
cent

1.000
천
mil

1.000.000
백만
milió

언어

llengües

영어

anglès

미국식 영어

anglès americà

중국어 만다린

xinès mandarí

힌두어

hindi

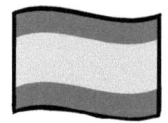

스페인어

espanyol

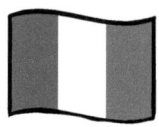

프랑스어

francès

아랍어

àrab

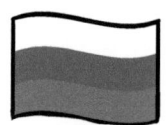

러시아어

rus

포르투갈어

portuguès

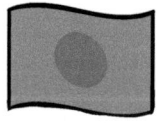

불가리아어

bengalí

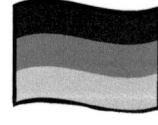

독일어

alemany

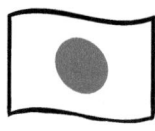

일본어

japonès

나

jo

너

tu

그 / 그녀/ 그것

ell / ella / allò

우리

nosaltres

너희들

vosaltres

그들

ells

누가?

qui?

무엇이?

què?

어떻게?

com?

어디서?

on?

언제?

quan?

이름

nom

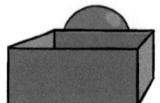

뒤에

darrere

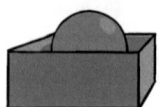

안에

en

앞에

davant de

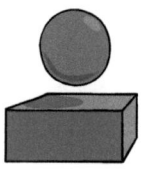

위에

damunt

위에

sobre

아래에

sota

옆에

al costat

사이에

entre

장소

lloc